Angela Liesendahl-Schikorra
1951 wurde ich geboren in Burscheid (Rheinland).
Seit 2007 lebe ich in Köln

Ich entdeckte bereits in meiner Kindheit meine künstlerischen Fähigkeiten. Bereits damals schrieb ich Gedichte und Erzählungen, was ich bis heute beibehielt. Ich schreibe Gedichte, Prosa und Lyrik.

Der besondere Schwerpunkt meines Schreibens bezieht sich auf den Kontinent Afrika, aber ich schreibe auch mit Vorliebe gerne Geschichten für Kinder.

Mein Talent beschränkt sich nicht nur auf das Schreiben. Auch als Malerin bin ich seit vielen Jahren erfolgreich.

Mehrere Lesungen habe ich in Köln, Leverkusen und Bergisch Gladbach vorgetragen.

1

Gedichtveröffentlichung 2009

Bibliothek deutschsprachiger Gedichte, ausgewählte Werke XII: **„Nur für fünf Sekunden"**

Frankfurter Bibliothek zeitgenössisches Gedicht:
„Rotes Land, warmes Land"

Afrika, ein Kontinent von Magie, Licht und Weite.

Windgeformte Dünen die im Sonnenlicht dunkelrot glühen, weite Buschlandschaften, schroffe Gebirgslandzüge, Tiere der Steppe, all das ist Afrika.

Ein Kontinent dessen unendliche Weite einzigartiger Natur und Zauber der Farben stets aufs Neue faszinieren.

In großer Ruhe erzählt Afrika Geschichte pur und vermittelt ein Gefühl von erhabener Schönheit.

Inhalt

3

4

Abendliche Stimmung im Zululand

Ich höre der klangvollen Musik in der afrikanischen Nacht zu.

Der Gesang der Grillen erklingt in hohen und tiefen Tönen, ein abendliches Konzert. Gezirpe, weit übers Land. Eine singt als Sopranistin, der Chor im Hintergrund zu hören.

Bin doch noch nicht im Busch, doch die Ähnlichkeit des nächtlichen Gesanges ist fast gleich. Es ist still und still in meinen Gedanken. Nicht ein Hauch von kühlem Wind umspielt das abendliche Konzert. Der Gesang der Grillen ist für mich ein Ohrenschmaus. Im Hintergrund das Rauschen des Meeres macht das Orchester komplett, perfekt.

Irgendwo weit von hier ist der Busch, sie singen es mir zu und machen es mir schmackhaft. Ich bekomme Sehnsucht, Sehnsucht nach dem Buschland. Die Nacht von Zululand wird angekündigt durch gleichmäßigen Gesang.

Ich mache es mir bequem und lehne mich in meinem Stuhl zurück und schaue in den Sternenhimmel. Weiße Schleier verdecken heute das Kreuz des Südens, gestern war es noch zu sehen. Lautes Wellengetöse übertönt das nächtliche Konzert der Grillen. Der Sound des Meeres wird tobender.

Ich schaue in den Himmel, doch die Schleier haben

sich nicht aufgelöst und die Sterne schlafe. Der brausende Beifall des Meeres bittet den Chor der Grillen um Zugabe. Die Melodie wiegt das Zululand in den Schlaf.

Der Beifall des Meeres hat sich beruhigt und die Abendstimmung neigt sich langsam dem Ende zu.
Der nächtliche Himmel hat ein Zeichen gesetzt, ein Stern erstrahlt, als letztes Licht das auf die Bühne von Zululand fällt. Der Chor der Grillen erklingt noch immer in einem gleichmäßigen Takt, und ein letzter hoher Ton vom Sopranisten zum Ausklang.

Dann ist die Stille eingekehrt in Zululand.

Tal des Friedens

Die Piste staubte, vor uns raste ein Jeep, der aufgewirbelte Sandstaub nahm uns die Sicht. Wir wurden überholt von anderen Touristen, die in einem rasanten Tempo an uns vorbei rauschten.

Am Wegesrand in dem kleinen Dorf bei Spitzkoppe kamen Kinder uns entgegen. Hilde drosselte das Tempo ihres Jeeps und hielt an.Die Kinder zeigten uns ihre selbst gemachten Ketten und Windspiele.

Ich nahm ein Windspiel zwei hübsche bunte Ketten und gab dem Mädchen 20 namibische Dollar. Die großen Augen des Mädchens strahlten mich an. Ein kleiner Junge fragte mich, ob ich was zu Essen für ihn hätte, er habe Hunger. Mein Herz klopfte vor Rührung und wir gaben ihm die Brötchen die wir mitgenommen hatten. Dann machte ich noch ein paar Fotos von den Kindern. Sie lachten mit ihren Augen voller Freude und Herzlichkeit.

Wir fuhren weiter und winkten ihnen noch nach. Die Gegend wurde immer faszinierender und geheimni-voller. Wüste nichts als Wüste. Ich staunte, wie sich dieses riesige rote Felsgestein vom Winde so geprägt hatte. Es war heiß, die Sonne brannte auf unserer Haut. Ein leichter Wind der uns begleitete, brachte uns Kühle. Unsere Lippen ausgetrocknet, wir mussten viel trinken.

Rechts und links, riesige Berge aus rotem Gestein und vor uns die Steppe. Zebras standen still vor uns und schauten neugierig zu uns herüber, was wir wohl vorhatten. Es flimmerte vor Hitze.

Ich stieg aus dem Jeep aus ganz vorsichtig und leise. Ich wollte ein Foto von den Zebras machen. Es klappte. Und schon ging es weiter, so ich legte eine CD mit afrikanischer Musik auf. Der Rhythmus der Musik, spornte uns zum Mitsingen an. Die Wüste hatte uns eingefangen...

Und es passte alles, der Traum den ich immer hatte war Wirklichkeit geworden. Wir kamen in ein Tal, mit vielen Schluchten. Ein Tal mit den typischen afrikanischen Bäumen, den Akazien. Ich stieg aus dem Auto und lehnte mich an, schaute in die Steppe.

Wie wunderschön. Der Staub der Wüste hatte Spuren auf unserer Kleidung hinterlassen. Hilde blieb im Auto sitzen, sie war müde. Der Sand knirschte auf unseren Zähnen. Ich stand da, sprachlos, voller Erstaunen. Es war ein Ort der unbeschreiblichen Stille. Ein Paradies des Schweigens. Aber wir mussten weiter, weiter nach Erongo.

Auf der Rückfahrt winkten uns die Kinder zu. Es lag noch eine beharrliche Strecke vor uns, die eine Zeit

lang geradeaus ging.
Dann bog Hilde ab in das Wildness Tal von Erongo.

Wir kamen an einem Parkplatz an, wo wir von dem Wildhüter in Empfang genommen wurden. „Robert heiße ich." Und er nahm uns mit zu seinem Jeep. Es war heiß, die Sonne brannte extrem.

Wir stiegen auf den Jeep und dann ging es los, steil nach oben durch dichtes Buschwerk. Abenteuerlich war es. Und plötzlich vor uns das Tal Erongo. Als wir ankamen und wurden wieder freundlich von dem Besitzer der Lodge begrüßt. Um uns herum ein Tal das von hohem Felsgestein umgeben war. Er führte uns in sein typisch afrikanisches Restaurant. Wir nahmen Platz auf der Terrasse.

Mein Blick ging in das wundervolle Tal. Getränke, die gut gekühlt waren, wurden uns von einem Bediensteten gebracht. Es war ein Ausblick, den ich mit Worten nicht beschreiben kann. Die Weite, die Steppe, aus der Ferne Laute eines Tieres.

Ich hörte nur noch meinen Atem. Das Rauschen des Windes, die Musik der Namibwüste. Ich war so beeindruckt, dass mir die Tränen kamen. Ich dankte Gott, für diesen Moment, für diesen Augenblick. Unsere Reifenpanne die wir unterwegs hatten, war vergessen. Es nahm alles von einem, jegliche Last des Lebens, des Alltages, die Seele wurde frei in diesem Tal. Ich nenne es „Das Tal des Friedens".

Das Essen war angerichtet. Es gab Salat und leckeres frisches Brot, der Blick nach draußen war uns nicht verwehrt.

Wie in einem Film dachte ich. Es erinnerte mich an den Film „Jenseits von Afrika". Übrigens mein Lieblingsfilm. Wieder mussten wir weiter, denn unsere Fahrt ging noch bis nach Omururu in eine Game Lodge mitten im Busch.

Wir nahmen Abschied von Erongo, Abschied von meinem Tal des Friedens. Ich werde wiederkommen. Wiederkommen in das Tal von Erongo

Es ging zurück mit dem Jeep, dieses Mal ganz steil nach unten. Robert bekam von uns Apfelsinen, er bedankte sich mit einem Lächeln und freute sich riesig. Auf Wiedersehen bis zum nächsten Mal.

Wir winkten ihm noch solange zu, bis wir Robert nicht mehr sahen. Es war ein einmaliges Erlebnis.

Ich bin noch dort

Ich bin wieder hier, bin ich es. Nein doch nicht mit meinen Herzen. Und nicht in meinen Gedanken. Ich bin noch dort. Ich höre noch den Wind der wie Musik in meinen Ohren klingt. Der mein Herz langsamer schlagen lässt und der Wüstensand sich zu einem tiefen roten Wellenmeer in meinen Augen spiegelt.

Ich bin noch da, wohl war habe meinen Seele dort gelassen, einfach da gelassen, losgelassen, um dorthin zurückzukehren. Sie wird dort bleiben um die Stille einzufangen, die wie eine Liebeserklärung meine Seele streichelt.

Wie ich dich liebe, du Land des ewigen Traumes. Du gabst meiner Seele die verdurstet war das Elixier eines neugeborenen Lebens zurück. Unter den afrikanischen Bäumen habe ich meine verlorene Kraft wiederbekommen, habe sie mitgenommen.

Afrika, oh Afrika, meine Sehnsucht nach Dir, ist wie ein fließender Fluss, der mich hin trägt zu dem Ufer an dem ich die Liebe zu dir empfand.

Afrika oh Afrika habe meine Seele dort gelassen, habe mich verliebt, habe mich verloren in mein Afrika, oh, Afrika.

Weißer Regen Afrikas

Da lief ich an einen ungewöhnlichen und ungemütlichen Nachmittag irgendwo durch die Straßen von Afrika.

Plötzlich, fielen weiße Regentropfen von dem afrikanischen Himmel. „Weiße Regentropfen, was war das denn?". Ich schaute in den Himmel und sah tausende, nein es mussten Millionen von weißen Regentropfen sein.

Mlumba ein Afrikaner der mir begegnete, fragte ich: "Weiße Regentropfen in Afrika, wo kommen die her? "Nein, nein, das sind Schneeflocken", sagte Mlumba, Schneeflocken, Schneeflocken und das in Afrika?!" rief ich vor Erstaunen. „Das ist gefrorener Regen der zu kleinen Eiskristallen gefriert und als Schneeflocken auf die Erde fällt." erklärte er mir.

„Schnee in Afrika unglaublich". „Das ist auch unglaublich denn es ist das erste Mal das hier Schnee fällt," gab mir der Mlumba zu verstehen. „Woher weißt du das, wenn es doch das erste Mal ist und du meine Sprache sprichst?" fragte ich ihn. „Oh, ich war sehr lange in Europa dort habe ich die kalten Winter erlebt."

„Aha", staunte ich und bemerkte wie schwarz seine Hautfarbe in dem weißen Schnee von Afrika auffiel. Aber erstmal seine dunklen kullernden Augen, mein Gott wie sie leuchteten, Wahnsinn! Aus lauter Freude hielten wir unsere Hände auf um den weißen Regen von Afrika aufzufangen.

Alle Kinder kamen aus ihren Hütten und freuten sich, endlich einmal den weißen Regen Afrikas zu erleben.

In ihren bunten Kleidern tanzten und hüpften sie.

Das hatten sie noch nie gesehen.
Mlumba klatschte in die Hände und sang das Lied von dem weißen Regen in Afrika.
Es war ein sehr schönes Lied und mit seiner tiefen reinen, klaren Stimme war es sehr ergreifend.
Ich schloss meine Augen und hörte diesem wunderschönen Gesang zu.

Dann tanzten wir mit den Kindern und den Frauen aus dem Dorf.
Nur die Männer waren unterwegs auf zur Jagd in dem Busch.
„Ist es nicht wunderbar, der weiße Regen in Afrika?"

Ja , irgendwo in den Straßen von Afrika.

13

Afrika

Beim ersten Mal
dass ich so aufgeregt
ein bisschen am Zittern war
Freudentanz in vollem Glanz
habe ich versucht
jeder schaute begeistert zu
Kinder , Frauen , Männer
lächelten mich an
mit lautem Geklatsche
wir reichten uns die Hände
tanzten und sangen
Bewegungen wurden schneller und schneller
immer schneller
wie im Rausch
tanzendes Afrika
Tanzende Träume
bunte Gewänder
trommelnde Hände
singende Frauen, stampfen mit den Füßen
roter Staub aufgewirbelt
in Ekstase
der Stammeshäuptling im Kreise der vorgebeugten
Körper
graziös-
trommelnde Hände-
Gesang des Stammes
tanzende Träume in bewegendem Rhythmus
tanzendes Afrika

Unter afrikanischen Bäumen

$\mathcal{U}$nter Bäumen im afrikanischen Wind,
erzählende Geschichten, von schwarz und weiß,
mit afrikanischer Musik,
und schönem leisen Gesang,
und trommelnden Klängen,
lachende Gesichter unter Bäumen,
blicken hervor,
schwarz und weiß,
Bewegung mit dem Wind,
seicht und stürmisch,
farbig schimmernde Gewänder,
im letzten Sonnenlicht,
Freude unter Bäumen, im afrikanischen Wind.
Weiß und schwarz singen wir,
unter den Bäumen im afrikanischen Wind.

gewidmet für meine Freunde

15

Im tiefen Abendrot

$\mathcal{D}$ie Wüste beginnt ihren Schlaf im tiefen leuchtenden Abendrot,
die letzten Schatten ziehen sich zurück,
hinter den rot gefärbten Dünen,

hier und da am Horizont,
schon ein paar Sterne funkeln.

Im tiefen leuchtenden Abendrot.

Schöne Dämmerung

Schöne Dämmerung beleuchtet das Ufer für mich.
Es gibt nichts sonst auf dieser Welt, was mich so berührt.

Schöne Dämmerung beleuchtet das Ufer für mich.
Und ich sehe einen Schatten, der sich spiegelt im stillen Gewässer.

Tanzende Lichter im Schein der Dämmerung umkreisen den Schatten, er nähert sich und wird klarer, von hellem Abendlicht angestrahlt, kleine geisterhafte Gestalten neigen sich am Ufer zu dem Schatten hin!

Ein Strahl beleuchtet das Ufer brillant, so klar, erkennbar, greifbar nah, meine Hände ausgestreckt hin zu dem Schatten,

Ich erkenne Dich!

Ungeduldig

Ich werde immer ungeduldiger, die lange Zeit des Wartens ist unerträglich, mein Heimweh und meine Sehnsucht wachsen immer mehr.

Sehnsuchtsvolle Gefühle, erwartungsvoll, zählende Tage und Stunden.

Denke und denke an dich, mir ist zum Weinen, möchte endlich wieder bei dir sein.
Habe Verlangen nach dir,
bin hungrig, meine Seele ausgetrocknet,
möchte dich als meine Liebe und Leidenschaft wiederfinden,
möchte dich spüren,
möchte dich riechen,
ich möchte dich lieben.

18

Rotes Land warmes Land

Afrika, du liegst in meinem Herzen.

Land der Sehnsucht,
und ewigen Sonne,
in der unendlichen Weite,
blicke ich zum Horizont.

Massai spähen herüber
in ihren farbenprächtigen Kleidern.

Ein leises Trommeln unterbricht die Stille,
und ich singe ein Lied dazu....

.......rotes Land, warmes Land,

sehne mich nach dir mein Afrika.

19

Habe mich verloren

Ich bin wieder zurück. Bin ich es? Nein nicht in meinem Herzen und nicht in meinen Gedanken.

Ich bin noch dort, und höre den Wüstenwind, wie er in meinen Ohren rauscht, wie Musik, die mein Herz langsamer schlagen lässt. Der Sand der Wüste sich spiegelt in meinen Augen zu einem tiefen roten Wellenmeer.

Ich bin noch nicht hier, habe meine Seele da gelassen, einfach zurückgelassen, losgelassen, um zurückzukehren. Sie wird dort bleiben, um die Stille einzufangen, die wie eine Liebeserklärung meine Seele streichelt.

Wie ich dich liebe, du Land meines ewigen Traumes. Du gabst meiner Seele, die verdurstet war das Elixier eines geborenen Lebens zurück. Und unter den Bäumen von Afrika habe ich meine verlorene Kraft wiederbekommen, habe sie mitgenommen.

Afrika, meine Sehnsucht nach dir ist wie ein fließender Fluss. Der mich trägt hin zu dem Ufer, an dem ich zum ersten Mal meine Liebe zu dir empfand.

Afrika, oh Afrika,

habe meine Seele bei dir gelassen, habe mich verloren.

Ein afrikanischer Herbstzauber

Herbstliche Zeit, die über das Land Afrika einkehrt, mit leuchtenden Farben und die duftende Frische des Windes, bringt sie klare reine Luft zum Atmen.

Der Himmel in einem königlichen Blau gefärbt und gigantische Wolken bilden sich in die Tiere der Steppe. Ich schaue dem Steppentanz der graziösen Gazellen zu, ein letztes Mal an diesem herrlichen Tage.

Der Wüstenwind bringt die letzte Wärme über das Land. Das Sonnenlicht wird von einem sanften Schleier überzogen und lässt die ausgetrocknete Steppe erstrahlen.

Nur ein paar Bäume spenden hier und da den Tieren ein wenig Schatten, an dem herbstlichen Tag. Ich sehe wie die Tiere es genießen und wie wohl sie sich fühlen. Einige wälzen sich in dem trockenen Staub der Steppe. Es ist das letzte Bad an diesem Tag.

Weit unten in dem Dorf tanzen die Männer, Frauen

21

und Kinder rhythmisch zu ihren von Trommeln gespielter Musik.

Ich bewege mich mit und verfalle in Trance.

Die Männer des Stammes beschwören die Geister des Herbstes mit Furcht erregendem Geschrei.
Am Firmament erscheint ein tiefes leuchtendes Rot.
Da, ein greller Schrei eines Tieres, ist es der Ruf des Abschiedes? Mein Blick richtet sich auf die mir liegende zauberhafte Steppenlandschaft. Ich horche in mich hinein.

Das Trommeln aus dem Dorf wird leiser. Bunte Lichter, die in der beginnenden Abenddämmerung zu mir herüber blinken, erscheinen mir als die Götter des weißen Voodoozaubers. Es ist mir ein wenig unheimlich und ich bekomme Gänsehaut.

Mein Atem wird ganz ruhig und ich nehme den Duft des abendlichen Herbsttages auf. Es ist ein bezaubernder Duft der meiner Seele gut tut. Ich weiß dass der Abschied nicht mehr fern ist, doch nicht für immer. Ich werde wieder zurückkehren, Wohl war ich werde.

Mein Haar wird von einem leichten Wind durch wirbelt und ich streiche mit meinen Händen über mein Gesicht.

Das Trommeln aus dem Dorf ist verstummt, die Götter des Herbstes sind aufgenommen. Wie eine Fata Morgana sehe ich die Götter vor mir und sie ziehen mich an in ihren magischen Bann.

Plötzlich sehe ich vor mir stehen meine alte Freundin die Giraffe, der ich den Namen *ZULU* gab.
Wie oft kam sie an dieser Stelle und wir schlossen Freundschaft. Ein letzter Blick von uns beiden, dann schreitet Zulu stolz davon.

„Wir sehen uns wieder Zulu im nächsten Jahr" rufe ich ihr nach. Aber das abendliche Licht des Herbstes hat sie mitgenommen irgendwo in dieser unendlich weiten Steppe. „Machs gut Zulu" flüstere ich. Und Tränen kullern über mein Gesicht, die Sehnsucht die ich verspüre wieder hier hin zurückzukommen ist sehr stark.

Ein Schrei aus der Ferne, vielleicht ist es Zulu, wer weiß? Ein allerletzter Blick geht von mir in diese wunderbare Landschaft, mir ist als hätte ich die Götter tanzen sehen.

So nehme ich Abschied, Abschied von meinem Afrika.

Fernweh

Sehnsuchtsvoll zehr ich nach dir,
der letzte Wüstenwind klebt noch in meinem Haar.
Mit Voodoo hast du mich verzaubert und lässt mich
nicht mehr los,

ich rieche den Wind der Wüste er saugt mich an,
und auf den Hügeln werde ich steigen,
ehrfurchtsvoll und schweigend lasse ich den Zauber
an mir vorüberziehen,

ein kleines Sandkorn fällt auf meine Hand und ich
halte es fest,

Ich spüre das Fernweh ist so nah.

24

Hallo mein geliebter Buschmann

$\mathfrak{E}$s war ein blöder Flug, mit komischen Passagieren. Meine Nachbarin trat mich mit ihren Füßen unter meinem Sitz. Ich habe mich gewehrt und trat zurück. Sie meinte dass es ihr Platz wäre. Dachte den ganzen Flug an Dich. Wünschte dich zu diesem Zeitpunkt bei mir.

Mein Koffer kam dieses Mal als erstes auf dem Band an. Ich hatte auch schon meine Freunde gesehen, sie hatten mir zugewunken. Eine Kälte herrscht hier, ich erfriere.

Ich erfriere ohne Dich!

Habe Sehnsucht, werde schnell wieder zurückkehren.

Mein geliebter Buschmann

$\mathcal{I}$ch lausche dem lustigem Zwitschern der Vögel zu, sie sind aus ihrem Winterschlaf erwacht. Es ist Mitte April, der erste einigermaßen sonnige Tag.

In der Ferne höre ich einen vorbeifahrenden Zug der irgendwelche Leute irgendwo mit nimmt. Der Himmel ist nicht so blau wie im Zululand. Er hat viele dicke weiße bis grau gefärbte Wolken als Begleiter.

Ich staune wie grün es geworden ist trotz der Kälte, die wir hatten. Peter liegt in seinem Liegestuhl und lässt es sich gut gehen.

Es ist still, angenehm. Doch nicht diese Stille, die im Busch herrscht.

Wie ich sie vermisse, welch Glück du hast.

26

Ich könnte dir noch soviel schreiben

Heute bin ich früh aufgestanden, es ist noch dunkel, musste mich erst einmal orientieren. Mir fehlt die Sonne von Kwa Zulu Natal. Mir fehlt das Meer.
Alles fehlt mir. Wie mag es Sagoma gehen?
Hier ist mir alles fremd geworden.

Die Natur, die Menschen, sie lachen ja nicht, dass fällt mir besonders jetzt auf, haben sie es verlernt, können sie es nicht mehr?

Ich bin entsetzt, wie starr und kalt ihre Gesichter hier sind. Und dort unten war nur Lachen und Strahlen in ihren Gesichtern.

Wie soll ich das aushalten? Und wie lange?

Alles ist dunkel.

Ich könnte dir noch soviel schreiben.

27

Wenige Tage

Es sind nur noch wenige Tage bis zu meinem Abflug nach Namibia. Heute ist Samstag der 24. November. Ich habe Dienst. Es ist nicht viel los daher kann ich mich ein bisschen meiner Schreibtätigkeit widmen. Alles ist ruhig.

Um die Langeweile zu vertreiben suche ich nach jeder kleinen Beschäftigung, die mir die Zeit nimmt. So kommen mir die Gedanken, dass ich doch noch vieles vorzubereiten habe.

Meine Aufregung oder Reisefieber wie man es auch immer nennt, hat sich schon lange angekündigt. Magenschmerzen, Übelkeit, Kopfschmerzen, Schwindel, Nackenschmerzen usw. Na, das reicht für einen Allgemeinmediziner, der sowieso diese Symptome falsch diagnostizieren würde, vielleicht als unerforschtes Syndrom.

Deshalb habe ich heute Morgen schon meine ersten Laufrunden um den Pool gemacht und es ging mir direkt besser. Weil ich ja auch noch meine Magnesium Power Tabletten geschluckt habe um meine depressiven Wein – und Wadenkrämpfe zu dämpfen.

Mein Heimweh fängt immer in meiner Heimat an und das Fernweh beginnt im Urlaub. Irgendwie bin ich verdreht, mal euphorisch fröhlich, mal schlecht gelaunt und unentschlossen. Die Frage die ich mir dann immer stelle, soll ich fliegen oder nicht? Doch am gleichen Tage fahre ich dann in die Wahner Heide um mir das Gefühl des Fernwehs zu holen, beobachte am Zaun die Landungen und Starts der Flieger.

Berauschend und wie von Sinnen schaue ich dem Steigflug eines Fliegers nach bis er in den Wolken entschwunden ist.

Und meine Antwort lautet: Ja, ich fliege! Die lauten Geräusche ziehen mich immer an, wie ein Sog. So fahre ich dann schnell herüber zu dem Flughafen, denn ich brauche diese Atmosphäre.

Trinke mir noch einen Kaffee schaue den Passagieren zu wie sie ein checken. Stunden kann ich dort verbringen. Es kribbelt und prickelt auf meiner Haut. International , von schwarz bis braun, Menschen , Menschen. Aber noch bin ich nicht weg.

Eine Woche noch die hoffentlich schnell vergeht.Schnell noch den Koffer packen und Geschenke einkaufen. Ich werde bestimmt wieder den ganzen Kleiderschrank leeren und in den Koffer verstauen.

Gut, das das Gewicht eingehalten werden muss, sonst bin ich gezwungen meine Freundin um Hilfe zu bitten, damit sie sich auf den Koffer setzt und ich ihn zu kriege. Na, ja Abendkleider und Pumps sind in Namibia nicht von Vorteil.

So, habe ich mich für den Rucksack entschieden. Klamotten rein und ab in die Namibwüste. Ich kann es kaum erwarten mit meinen Schweiß-Ausbrüchen, Magenschmerzen, Übelkeit usw. Oder sind es doch die Wechseljahre? Ha,ha!

Endlich ab nach Namibia.

Mein stilles Tal

$\mathcal{M}$ein stilles Tal, der Wind singt ein Lied,
das Lied der Wüste,

und unten in dem stillen schlafenden Tal,

Felsen, die vom Wind in steinerne Figuren geformt wurden,

geheimnisvoll, unbegreifbare Schönheit, machtvoll, bizarr,

mein stilles , schlafendes Tal.

31

Am Okavango Delta

Dort unten am Okavango Delta ,
saßen wir am Ufer bei Sonnenuntergang
und hielten uns ganz fest an unseren Händen.

Dort unten am Okavango Delta
war es so still,
das wir noch nicht einmal, das Rauschen des Flusses
vernahmen.

Dort unten am Okavango Delta ,
haben wir uns ineinander verliebt,
und fühlten uns frei und ungezwungen.

Dort unten am Okavango Delta,
hast du mich zum ersten Mal geküsst.
Dort unten am Okavango Delta,
haben wir die verrücktesten Dinge gemacht.

Am Okavango Delta ,
habe ich dich gebeten,
mich nie mehr zu verlassen.

Dort unten am Okavango Delta,
war es für uns
die schönste Zeit,
unvergessen soll sie bleiben
dort unten am Okavango Delta.

Sagoma

In deinen Augen strahlt die Sonne,
und du lächelst mit deinem Herzen,
deine Hände gaben mir Geborgenheit,
deine Worte sind die Liebe,

Sonne
Anmut
Mutter
Offen
Sanft
Ankunft

Sagoma, die Götter der Zulus haben mich zu Dir geschickt. Sie haben mich durch Dich aufgenommen.

Ich bin angekommen.

Meine Zulu Mom.

Vergiss mich nicht

Wie geht es Zulu Mom, grüße sie von mir. Sage ihr, dass ich bald wieder zu ihr komme.

Was hast du heute alles so gemacht?
Hast du auch an mich gedacht, es klingelte so in meinen Ohren.

Draußen ist es sehr schwül, das Klima hier ist nicht gut für mich.

Ich muss bald zurück zu dir.

Vergiss mich nicht.

Fröhlichkeit

Ich schaue mir immer die Fotos an.

Die traumhaften Sonnenuntergänge.
Das Rauschen des indischen Ozeans,
es klingt noch immer in meinen Ohren.

Ich vermisse die Stille, die Ruhe, die Freundlichkeit
der Menschen.

Das bunte Leben, das in den Straßen herrscht.

Die Fröhlichkeit.

Keine Verbindung

Heute bin ich traurig, muss immer an Zulu denken.

Ich habe immer versucht dich zu erreichen, doch keine Verbindung,
wo bist Du?

Oder ist wieder der Strom ausgefallen?

Ich werde es immer wieder versuchen.
Einmal muss es doch klappen.

Ich würde am liebsten hier alles abbrechen.

Erinnerst du dich wir hatten darüber gesprochen.

Wie geht es Hannes und Erika?

Alles fremd

Ob wir uns jemals wieder sehen?
Hier ist mir alles fremd geworden.
Ich vermisse dich und DU?
Hast Du an mich gedacht?
Wie oft?

Möchte wieder bei Dir sein.
Ich denke daran was Du wohl machst und wo Du jetzt bist?

Wollte schweigen. Unser Schweigen. Heute habe ich alle meine Freunde angerufen. Ihre Neugierde war groß, doch ich hatte keine Lust alles zu erzählen.

Der Trennungsschmerz ist manches Mal nicht auszuhalten. Ich habe mich in mein Auto gesetzt und bin in die Stadt gefahren. Ich musste ganz schön aufpassen, dass ich nicht links fahre.
Verrückt wie man sich schnell an andere Dinge gewöhnen kann.

Die Menschen hier machen mir Angst.

Möchte nach Hause nach meinem Zululand, nach Dir, mein Buschmann.

Lichtjahre

Meine Sehnsucht und mein Heimweh nach dir werden immer schmerzlicher.
Es ist mir als wäre ich Lichtjahre von dir entfernt.

In einer unsichtbaren Entfernung.

Möchte dieser Entfernung entgegen kommen.
Ich werde noch etwas durchhalten.
Ich gehöre hier nicht mehr hin, möchte zurück.

Ich habe die Götter des Voodoos gerufen um mir zu helfen.

41

Mach's gut Buschmann

$\mathcal{N}$un haben wir schon Mai.

Der Sommer will nicht kommen.
Es regnet und es ist kalt,
ich friere,
oh wie gerne würde ich unten bei dir sein,
würde mit dir in den Busch fahren,
die Tiere beobachten,
und ganz leise sein,
hier ist alles laut,
Autos rasen,
Menschen gestresst,
und da unten im Busch ist das himmlische Paradies.
Ich merke wie mein Körper schmerzt.

Mein Fernweh lässt mich nicht mehr los.
Ich werde bald wieder dort sein.

43

Ich musste lachen

Heute habe ich den ganzen Tag geschrieben.

Deine Lieblingsgeschichte habe ich auch mit in das Buch geschrieben.

Stelle dir vor manche glauben, der Kontinent besteht nur aus Urwald und aus Menschenfresser.
Ich musste lachen.
Musste die Leute erst einmal aufklären.

Habe ihnen erzählt von dem wunderbaren Land Süd-Afrika.

Als ich die Türe öffnete

Als ich die Türe öffnete, war keiner da,
und ich fühlte mich einsam,
leer und verlassen,
tiefster Winter, kalt,
ich habe mich direkt auf mein Bett gelegt,
und mich in den Schlaf geweint,
wie weit wir voneinander entfernt sind,
wo magst du jetzt sein ?

Sie haben mich verzaubert

Bunte Lichter,
in einem Land,

ich habe sie gesehen,

sie haben mich verzaubert,das voller Lichter ist.

Meine Sehnsucht nach Dir
nach meinem Zululand.

45

Ich bin glücklich

Nun bin ich schon zwei Monate von dir weg.
Gestern habe ich einen Film gesehen von Süd-
Afrika, da wo wir alleine waren.

Ich werde dich gleich anrufen.

Ich bin glücklich.

Bist Du es auch?

Ich vermisse dich so sehr.

Nur für fünf Sekunden

$\mathcal{H}$ier sind die Landschaften karg und kahl,

die Bäume teilweise mit buntem Laub geschmückt,
manche in schwarz gekleideter Trauer,
starr und verzweigt.

Stürmische Nächte, die Unruhe bringen.

Auf den Straßen von Regengüssen große Seen
entstanden,
mit Benzingeruch versehrt,
das restliche Laub versucht sich darin zu erfrischen.
Nicht empfehlenswert...!

Ein kleiner Sonnenstrahl hinter den grauen dicken
Wolken, lässt die Stadtlandschaft etwas freundlicher
erscheinen.

Nur für fünf Sekunden...

47

Rückkehr nach Zululand

Nun bin ich wieder zurückgekehrt, ich hatte es dir ja versprochen meine Zulu. Und ich hoffe dich bald wieder zu sehen, hier an diesem Ort.

Der Herbst ist schon wieder eingekehrt über das Land. Auf den Hügeln werde ich steigen um nach dir zu schauen über das weite Tal. Halte Ausschau nach meiner Zulu.

Ich schaue auf die Steppenlandschaft es hat sich nichts verändert, nur das vergangene Jahr. Ein Schauspiel der Natur gibt sich wieder in meinen Augen und meine Seele ist noch geheilt von dem letzten Mal, als ich hier war.

Ob die Götter des Herbstes wieder aufgenommen werden? Nur Zulu kann mir die Antwort geben, oh, welche Sehnsucht ich nach dir habe! Mit Tränen und Wehmut musste ich oft kämpfen, doch es hat sich gelohnt.

Die Schleier, die die Sonnenstrahlen der Steppe umhüllen, es sind wohl schon die kleinen

48

herbstlichen Geister. Sie kommen mir sehr vertraut vor, sie sind die tanzenden Götter des Glückes.

Da, plötzlich ein Schrei aus der Ferne! Er kommt mir sehr bekannt vor. Der Schlag meines Herzens wird schneller und meine Aufregung steigt an. Mein Blick geht wieder in Richtung der Steppe und ich sehe wie Zulu stolz auf mich zu schreitet.
Dann steht sie vor mir noch schöner, graziöser und voller Stolz. Meine Freude und über unser Wiedersehen ist überwältigend.

„Oh, Zulu" flüstere ich ihr zu, „du bist gekommen,- ja, du meine Freundin, hier zu diesem Ort."
Ganz nah und stolz steht Zulu vor mir und ich bekomme Gänsehaut. Wie gerne würde ich dich umarmen.

Im Dorf die Trommeln sind zu hören. Zulu schaut mich mit ihren großen braunen Augen an und mir ist, sie lächelte mir zu. Der Glanz in ihren Augen sind Freudentränen.

Das Trommeln aus dem Dorf wird immer lauter, die Männer, Frauen und Kinder tanzen sich in Trance.
Die Götter des Herbstes sind aufgenommen! Ich bin ergriffen, meine Tränen kann ich nicht mehr zurückhalten.

Ich bedanke mich bei den Göttern für dieses Wiedersehen, denn auch Zulu und mich hat man aufgenommen.

Ich rieche den Duft des Steppenwindes, meine Seele ist befreit. Niemals und niemand wird uns jemals voneinander trennen.

Das Trommeln aus dem Dorf ist leiser geworden, die Götter sind beschwört

Sie sind zurückgekehrt wie Zulu und ich.

Weit weg

Ich möchte mit den Wolken ziehen,
ganz leise und unbemerkt,
ich möchte mit den Wolken ziehen,
weit weg und unbeschwert,

ich möchte mit den Wolken frei sein, wie der Vogel im Wind,
ich möchte mit den Wolken ziehen, an unserem geheimen Ort,

ich möchte mit den Wolken ziehen, dorthin da wo uns keiner kennt.

Der Fluss

Weißt du was ich mir wünsche, dass du der Fluss
meines Lebens wärst,
weißt du, was ich dir wünsche, dein Glück zu sein,

und wenn du der Fluss meines Lebens wärst,
würde ich mit dir fließen,
bis an das Ende dieser Welt.

Die Zeit läuft

Die Zeit läuft mir davon,
ich weiß nicht warum,

jetzt wird es Zeit, dass ich dich anrufe,
habe deine Stimme
lange nicht mehr gehört.
ich will sie nicht vergessen.

Ich vermisse die Stille, die Ruhe.

Zum ersten Mal

Heute musste ich daran denken, als ich zum ersten Mal dort unten Auto gefahren bin.

Ich suchte das Lenkrad, merkte erst später, dass ja Linksverkehr ist. Die Leute beobachteten mich aber ich ließ mir nichts anmerken.
Tat so als suchte ich meine Sonnenbrille und lächelte ihnen entgegen.
Mir kamen die Tränen vor Lachen.
Und ich dachte, dass ich an Demenz leide,
gut das du es nicht gesehen hast.

Na, das Fahren hatte dann ganz gut geklappt.
Du warst stolz auf mich.

52

Meine Zulu

Ich höre gerade afrikanische Musik, die der Zulus.
Und ich bin fertig mit dem Schreiben meines Buches.

Ich kann es kaum erwarten, zurückzukehren nach meinem Zululand.

Ich kann es kaum erwarten dich wieder zu sehen, meine Zulu.

Plötzlich

Wie manches doch entschwinden kann.

Plötzlich, in Nebelschwaden, verschlungen, aufgesogen, wollte die Hoffnung festhalten,

hatte sie eine Zeit lang fest in meiner Hand. Auf einmal ist mir kalt geworden, weiß noch nicht warum. Habe es noch nicht so ganz begriffen.

Plötzlich, war alles in Nebelschwaden verschlungen, hatte alles versucht die Hoffnung aufzufangen.

Vergeblich !?
Oder ist es Schicksal?

Plötzlich, bist du nicht mehr da.

Schlafe gut

Noch immer liege ich wach, mit einschlafen ist nicht, es ist viel zu warm. Es ist eine laue Sommernacht, die ich gerne mit dir verbringen würde. Die Nacht ist still, ungewöhnlich still für hier. Kein Laut. Nichts!

Was höre ich da? Ein Käuzchen, das seine Schreie aus dem angrenzenden Wald, die Stille der Nacht durchbricht? Ich halte meinen Atem an, um diesem zu lauschen. Es macht mich neugierig!

Der Schrei des Käuzchens ist sehr aufgeregt. Das Fenster meines Zimmers ist weit geöffnet und ich beuge mich nach vorne um in den Himmel zu schauen. Was für eine wundervolle Nacht und der Duft der nächtlichen sommerlichen Frische prickelt in meiner Nase, der sich zu einem Nieser entwickelt. Jemand hat wohl an mich gedacht?!

Diese Nacht möchte ich nicht mit Schlaf verbringen. Der Himmel ist sternenklar, doch wie weit entfernt die Sterne sind und dort wo du bist sind sie greifbar nah, wie ein großes Netz, als hätten sie sich darin verfangen.

Die Rufe des Käuzchens werden immer lauter.

Vielleicht möchte es mir etwas mitteilen? Ein Zeichen, das mir Glück und neue Hoffnung bringen will? Noch eine Weile stehe ich am Fenster und meine Gedanken sind bei Dir. Bist du das Glück und die Hoffnung?

Die Schreie des Käuzchens sind verstummt.
Alles schläft und ruht.

"Schlafe gut", flüstere ich nach draußen,
„schlafe gut."

Vergessen

Ich hatte vergessen das Fenster zu öffnen,

dass ihre Seele in den Himmel fliegen konnte,

doch sie wird auf eine große Reise gehen.

Dort wird sie aufgenommen in das Reich der Götter.
Und ihre Seele wird in diesem Land ihre letzte Ruhe
finden,

denn sie liebte Afrika!

Dem Himmel so nah

Hilda und ich kamen an einer Kamelfarm vorbei, wir hielten an, und stiegen aus dem Jeep.Aber es stand auf dem Schild vor der Farm das Lunchtime war. Schade, ich wollte einmal mit einem Kamel durch die Wüste Namib reiten.

Wir fuhren wir weiter mitten in die Wüste, ich konnte nur staunen über diese wunderschöne Landschaft. Hohe Dünen die das Tal umschlossen in dem wir fuhren, waren von einer unglaublichen Schönheit. Dann felsiges Gestein die diese Wüste in einer bizarren Landschaft formte. Nach einer einer Weile kamen wir an einer Oase die mit vielen Palmen bewachsen war, vorbei.

Es ging ziemlich steil hoch und es sah aus als würden wir in den Himmel hinauffahren. Rechts und links kleine eingerollte grüne Wüstenbüsche, die aus der Ferne wie dicke Kugeln aussahen. Ich hielt mich fest, denn es holperte ganz schön auf dieser Wüstenpiste. Es war abenteuerlich, diese Strecke, rechts und links riesengroße Felsbrocken, die manches mal aussahen, wie Figuren die der Wind geformt hatte.

Als wir aus dem Tal herausfuhren, tat sich eine gigantische Mondlandschaft vor unseren Augen auf. Hier war man dem Himmel ein Stückchen näher. Wir hielten an und stiegen aus, ein kühler Wind fegte über diese phänomenale Wüstenlandschaft. Der Himmel war so blau, das er blendete, nur ein

einziges kleines Wölkchen hatte sich wohl verirrt.
Ich stellte mich an einem Abhang und schaute auf das Gestein das wie aus dem Boden zu wachsen schien. So musste es auf dem Mond aussehen. Doch so schön wie hier konnte es nirgends sein. Es war eine unheimliche Ruhe, keine Menschen weit und breit, nur Hilda und Ich.

Hilda machte noch ein Foto von mir. Wie immer machte ich ein schreckliches Gesicht, na, das wird wieder ein Foto zum Lachen. Die Sonne brannte gefährlich auf unserer Haut die man nicht bemerkte durch den kühlen Wind.

Aus der Ferne sahen wir eine Staubwolke hoch steigen, die sich in unsere Richtung bewegte. Es waren Touristen, die mit ihrem Geländewagen in einem rasanten Tempo an uns vorbei rauschten. Und schon hatte sie die Staubwolke wieder verschluckt.

Wir schützten unser Gesicht mit den Händen, denn der Sandstaub war nicht so angenehm. Er knirschte auf unseren Zähnen. Mein Blick ging noch einmal zurück auf die Mondlandschaft. Hilda rief mir zu: „Wir müssen weiter, bevor die Dunkelheit hereinbricht!"

Wir fuhren weiter, durch die unendliche Wüste zu unserem neuen Ziel zu den Damaras. Nur eine Staubwolke hinterließ unsere Spuren, Spuren im Sand der Wüste, wo wir dem Himmel ein Stückchen näher waren.

In unserem Tal

Es regnet fürchterlich,
stürmisch, es ist August,
unglaubliche Regengüsse,
wer hat sie uns geschickt?
Der Regen erstrahlt wie weiße Bindfäden.
Die Sonne scheint und lässt den Regen
zu bunten Perlen glitzern.

Als wir im Busch waren und ein Gewitter kam, ich entsinne mich, war es genauso.

Der Regen wird immer schlimmer, mein Gott es ist unheimlich. Und hinter dem Regenvorhang scheint die Sonne.

Oh, es hat aufgehört, der Wettergott hat sich beruhigt. Nur die Blätter der Bäume bewegen sich in einer Unruhe. Ein dicker Tropfen erwischte meine Nase, als ich nach draußen schaute. Es ist herbstlich ich kann es riechen, viel zu früh. Meine Erinnerung ist wieder da, an die Zeit die wir im Busch verbrachten.

In unserem Tal, wo der Regen unsere Tränen waren. Es wird immer heller, die Sonne zeigt sich wieder von der besten Seite. Der Sonnengott hat sie geschickt.

Ich glaube, dass sie ein schlechtes Gewissen hatte.

Traum

Alles hat sich verändert,

Ich auch!

Und habe es selbst bemerkt.

In mir ist etwas geschehen,
ein fürchterlicher Traum der mich in dieser Nacht
begleitete und aufschrecken ließ,

bin aufgewacht, ich konnte mich nicht orientieren.

Warum?

War er eine Warnung?

Stadtbummel

Das ist David, der Sohn meiner Freundin in Swakopmund. Ein lustiger Kerl. Ich hatte viel Spaß mit ihm. David hatte mir Swakopmund gezeigt. Überall ist er mit mir hingegangen, in die Museen, die Kirchen, das alte deutsche Gerichtsgebäude.

David bekam plötzlich einen Riesen Hunger. Wir gingen in ein italienisches Lokal, ja auch das gibt es in Namibia. Ich fühlte mich wieder typisch europäisch, deutsch, namibisch, auf jeden Fall heimisch.

Unseren Stadtbummel beendeten wir in einem afrikanischen Souvenirladen. Wir wurden mit einem freundlichen „Guten Tag" begrüßt, schon wieder fühlte ich mich heimisch. Na, von Afrika keine Spur.

Als wir nach Hause kamen, waren wir müde. David setzte sich zu mir an den Tisch und malte von sich ein Selbstportrait. Ich musste lachen, denn so sieht David wirklich aus, nur nicht so eckig, mit seinen Sommersprossen. Ist er nicht witzig?

Das Glück ist mit Dir

Es war eine traumhafte Fahrt in das Skakaland zu den Zulus. Abwechslungsreiche Landschaften, die sich in Zuckerrohr Plantagen, karge Felder und mit grün bewachsenen Hügel präsentierten.

Am Straßenrand liefen die Kühe und Donkies, sie waren es gewohnt, das soviel Autos an ihnen vorbei rauschten. Ich schoss noch schnell ein Foto. Nach ein paar Stunden kamen wir in das Dorf der Zulus an.

Am dem großen Eingangstour wurden wir freundlich von einigen Kriegern der Zulus begrüßt. Sie führten uns zu ihrem Häuptling der den Anschein machte, das er nicht mehr so ganz nüchtern war. Er begrüßte mich mit einer Herzlichkeit und sagte „Du schöne Frau aus Germany, very nice." Dann tanzte er mit mir. Es war richtig lustig. Fast das ganze Dorf hatte sich dazu versammelt und tanzte mit.

Auf einer Bank saß die berühmte Weissagerin des Zuludorfes. Sie hat einen hohen Stellenwert bei den Zulus. Übersetzt heißt Zulu „Das Volk des Himmels". Sagoma lächelte mich an und winkte mir zu.

Ich trank mir an der Bar noch schnell einen Kaffee, dann ging ich zu ihr herüber. Wir begrüßten uns. Ich stellte mich mit meinem Namen vor. Sagoma nahm mich an ihre Hand, ich merkte, wie plötzlich eine unheimliche Wärme meinen Körper durchfloss.
Sagoma sah mich an und ihr Lachen kam aus ihrem

Herzen. Ich fühlte mich so wohl und geborgen bei ihr.

Wir gingen in ihre Hütte. Sie zeigte mir mit ihrer Hand auf einer Strohmatte, auf der ich mich hin knien sollte.

Sie setzte sich vor mir hin und nahm meine linke Hand und las aus den Linien der Handfläche. Mein Herz klopfte vor lauter Aufregung und sie schaute in meine Augen, sie hatte was animalisches an sich. Dann nahm sie auch meine rechte Hand. Mit einem Knochen und einer Feder strich sie über meine Handflächen. Es war ein Ritual. Vor ihr auf dem Boden legte sie kleine Muscheln und schüttelte sie durcheinander.

Nach einer Weile, erzählte sie von meiner Zukunft und auch von der Vergangenheit. Ich war erstaunt, was sie alles über mich wusste. Keiner konnte ihr das vorher mitgeteilt haben. Wie erstarrt, saß ich vor ihr und hörte mit Begeisterung zu was Sagoma mir erzählte.

Ich war von ihr so angetan, ihre Herzlichkeit und die lachenden Augen, sendeten eine Magie zu mir herüber, die mich fesselte. In ihren Augen konnte ich erkennen, das sie die Wahrheit zu mir sprach. Meine Zukunft sah sehr gut aus. Sie wusste das ich schreibe, male und noch viele andere Ereignisse die sich in meinem Leben ergeben hatten. Alles würde sich ändern. Noch einmal schüttelte sie die am Boden liegenden Muscheln. Ich sollte mir eine aussuchen. Sie gab mir die von mir ausgesuchte

Muschel als Geschenk und Talisman mit. Ich verabschiedete mich von ihr, sie nahm mich in ihren Arm und sagte zu mir: „Das Glück ist mit Dir."

Dann gingen wir hinaus zu den anderen. Sagoma bat mich das ich ihr meine Adresse geben würde. Ich schrieb sie auf einem kleinen Zettel. Sie bedankte sich mit einer Umarmung. Sie hatte mich in ihr Herz geschlossen. „Ich sollte aufpassen," sagte sie leise zu mir. "Ja, antwortete ich , ja und Danke für alles Sagoma."

„Denke daran" rief sie mir nach, „das Glück ist mit Dir!"

Ich winkte ihr noch lange nach. Auf Wiedersehen Sagoma.

64

Klare Gedanken

Heute habe ich mir den Regen gewünscht
sehnlichst,
das alle Regentropfen die Last und Schuld,
die andere mir aufgetragen haben, weg spülen.

Ich lasse sie tropfen auf meinen Körper,
und ich nehme jeden einzelnen Tropfen wahr,

manche Schmerzen unaufhörlich,
der Regen tut mir gut,
er kühlt und lindert meinen Schmerz,
bringt mir klare Gedanken,
es sind noch zu viele,
wann hören sie auf?

Heute habe ich mir den Regen gewünscht und er ist
gekommen.

65

Ein herbstliches Essen in Afrika

Meine Freunde hatten vor mit mir heute Abend in ein afrikanisches Restaurant zu gehen. Mir war schon bei diesem Gedanken ein wenig mulmig. So lies ich mich vor Neugierde überreden mitzugehen. Wir fuhren los.

Unterwegs während der Fahrt dorthin machte ich mir die verrücktesten Vorstellungen, wie so ein afrikanisches Essen ausfallen würde. Meinen Freund grinsten mich ständig an und das machte mich natürlich sehr misstrauisch.

Na, endlich angekommen gingen wir in das Restaurant hinein. Wir wurden alle sehr freundlich begrüßt. Ein bisschen dunkel erschien es in dem inneren Bereich . Überall standen und hingen an den Wänden ausgestopfte Tiere der Steppe. Zebras, Krokodile und Schlangen. Mit großen Augen schaute ich diese Tiere an, wohlgemerkt mit hohem Respekt.

Ein Farbiger in einem sehr bunten Gewand bekleidet überreichte uns die Speisekarte. Ich las, Kroko-Steaks, Schlangen Steaks, mir wurde ein wenig übel und meine weiße Hautfarbe verblasste noch mehr. Plötzlich ging mit mir die Fantasie durch, Krokodilsteaks, also nee, ohne mich!

Ich lächelte meinen Freunde zu und ließ mir nichts anmerken. Vielleicht sogar noch einen Würgeschlange, stellte mir vor, wie sie in meinem zarten verwöhnten Magen herumkroch. Und dann noch das

Krokodil mit seinen scharfen Zähnen, wer weiß, wieviel arme Menschen es schon verspeist hatte.

Oh, Gott, mir war gar nicht gut, aber das musste ich durch.
Ich wurde aus meinen Gedanken herausgerissen als ich gefragt wurde ob ich mir schon was zum Essen ausgesucht habe.
Wie aus dem Schlaf gerissen fragte ich erschrocken: „oh, ich , ja haben sie Chicken ?"

„Oh, yes Mum" antwortete der Ober mit seinen strahlenden weißen Zähnen. Da fiel mir ein Stein vom Herzen.
Endlich konnte unser gemütliches Abendessen beginnen.
Wir lachten alle herzlich und feierten diesen Abend mit viel guten Wein aus der Kap Region.

67

Liebeszeilen

Mehrmals las ich deine Zeilen, mehrmals ist untertrieben, täglich lese ich sie. Und wenn ich mich schlafen lege, so nehme ich den Brief und lege ihn unter meinem Kopfkissen und wenn ich aus dem Hause gehe in meine Tasche.

Bin fast schon süchtig, süchtig nach dem Verlangen nach Dir, das zu erleben, das zu spüren.
Geschriebene lebendige und erregende Worte, die wie ein Blitz meinen Körper trafen und elektrisierten, eher noch wie hunderttausend Volt bis in meine Zehenspitzen.

Ja, genau wie Du, so kann auch ich keinen klaren Gedanken mehr fassen, mache die verrücktesten Dinge, fühle mich auf einmal so unbeschwert und frei.
Ich schwebe fange mich auf und halte mich fest!

Kribbeln, Brennen, Zittern und Schweiß die meinen Atem unruhig werden ließ, erweckten in mir ein Ohnmachstgefühl.
Das ist nur der Anfang und beim Weiterlesen verspürte ich unglaubliche Lust, Lust auf Dich, nach dir, Dich zu riechen, das Salz auf Deiner Haut zu schmecken.

Mehrmals las ich Deine Zeilen, und Du warst mir nah.

Abschied

Es waren abenteuerliche Wochen in Namibia.

Wieder einmal muss ich Abschied nehmen, Abschied von dem Land wo der Himmel unendlich ist, wo man die Stille hört und die Bäume, das Lied des Busches erklingen lässt.

Dieses Mal war es anders. Die Regenzeit hatte das Land eingeholt. Der Busch in wunderschönen Grün erblüht. Ein farbenprächtiges Land hat sich mir präsentiert. Die Wüste blüht in voller Pracht, was für ein Augenschmaus.

Wir verlassen Swakopmund im Nebelschwaden. Der Shuttle fährt uns bis nach Windhoek, es sind ca. 400 Kilometer. Mona hat sich nach vorne gesetzt. Mir fällt auf das nur Frauen als Fahrgäste mitfahren. Ich habe es mir an einem Fensterplatz bequem gemacht.

Der Nebel löst sich langsam auf und die Sonne blinzelt ganz vorsichtig zwischen den noch verhangenen Himmel hervor. Es sind noch ein paar Stunden Fahrt die wir vor uns haben. Das Steppen Gras am Straßenrand glänzt zu einem silbernen Teppich. Ständig räuspert sich der Fahrer unseres Shuttles. Langsam nähern wir uns Spitzkoppe zu, das Matterhorn von Namibia.

Vergangene Woche waren wir noch da. Ich habe den

Damara Kindern Geschenke mitgebracht. Bleistifte, Buntstifte und Rucksäcke. Die Kinder haben sich gefreut. Das Leuchten ihrer Augen von diesem Moment vergesse ich nicht.

Wir kauften noch ein paar von den Kindern selbst gemachte Windspiele und Ketten und fuhren weiter. Die Kinder winkten uns noch lange nach.

Wieder einmal räusperte sich unser Fahrer. Die anderen Mitfahrer schliefen fest. Ich konnte nicht schlafen ich wollte diese Landschaft noch einmal genießen.

Meine Augen konnte ich nicht abwenden von dieser facettenreichen Natur, von dem Lichtspiel die die Sonne und die Wolken auf das Land warf. Ich hatte noch nie die Wüste so blühen gesehen wie in diesem Jahr,es war Regenzeit. Ich erinnere mich, als wir auf der Ombu-Farm waren oben im Erongo Gebirge.

Wir saßen in der Lodge fest, da es in Strömen regnete, nein es schüttete Kübel an Wassermassen. Karen kam herüber von der Farm um uns abzuholen. Das Abendessen in der Lappa war angerichtet. Doch keiner von uns traute sich raus da auch noch ein schlimmes Gewitter war. Die Blitze waren Tages hell. Der Donner ließ uns jedes mal erschrecken.

Bernd kauerte in seinem Zimmer und schaute zum Fenster heraus. Mona trank sich Mut an mit einem Bier. Karen brachte Regenschirme und Wetterjacken mit die wir uns um hingen. Wir liefen schnell los barfuß zur der Lappa herüber. Das Wasser stand uns bis zu den Knöchel. Aber es machte Spaß. Endlich angekommen, durchnässt von den Regengüssen, nahmen wir Platz an der gedeckten Tafel. Walter der Ehemann von Karen stand an dem Grill und wendete die Zebra Steaks. Das Wasser stieg in der Lappa und wir vernahmen das Fußbad bei dem Abendessen als sehr, sehr wohltuend. Wir hatten unseren Spaß planschten ab und zu mit den Füßen darin.

Fritz der Farmer und Vater von Karen zwinkerte mir ständig zu. Er war ein lustiger Mann und noch fit mit seinen 75 Jahren. Ein Nachkomme der Südwestler. Seine Frau Margot lachte so herzlich das man mit angesteckt wurde. Wir nahmen alle Platz an der Bar und tranken Wein.

Renate und Hans erzählten uns Witze, sie waren seit 3 Wochen auf der Ombu-Farm. Ein nettes Ehepaar mit denen ich mich gut verstand. Hans war sehr krank erzählte mir seine Frau Renate, er hatte Krebs. Es war seine letzte Reise die er sich noch einmal erfüllen wollte.

Es ging eine Runde Schnupftabak herum. Ich musste so niesen, es war das erste Mal das ich an dem Tabak schnüffelte. Margot und Karen kicherten in einer Tonleiter rauf und runter.

Auch ich musste so lachen das mir die Tränen liefen. Nur Mona und Bernd saßen verklemmt in der äußersten Ecke an der Bar und schmollten. Warum weiß ich auch nicht. Fritz winkte mir zu das ich zu ihm kommen sollte. Er gab mir einen Anhänger aus

Oryx-Horn als Dank für die gerettete Fahrt die wir an dem Tag gemacht hatten. Wir waren bei einer Buschtour in einem Schlammloch stecken geblieben. Da Hans nicht so gut laufen konnte, lief ich durch den Busch um Hilfe von der Farm zu holen. Ich glaube das ich einen Marathon gelaufen bin. Es war eine große Entfernung bis zur der Ombu-Farm.

Als ich ankam war ich fix und fertig. Walter holte den Jeep und fuhr den beiden entgegen. Ich setzte mich zu den anderen auf die Terrasse. Karen spendierte eine Flasche Sekt für diese gerettete Aktion. Da kam auch schon Walter mit Fritz und Hans. Sie setzen sich dazu. Hans sah sehr erschöpft aus. Aber er ließ sich nichts anmerken.Wie mutig er war. Ich bewunderte ihn mit seinem Witz und Charme.
Die Sonne ging langsam unter und die Berge von Erongo erstrahlten in allen Farben des Sonnenunterganges.
Im Buschland kehrte die Ruhe ein, nur unser lustiges Gelächter schallte weit nach draußen.
Das war ein aufregender Tag der mit einem schönen Abend endete.

Es war der letzte Abend auf Ombu-Farm, den wir alle gemeinsam mit einem letzten Absacker beendeten.

Hier auf Ombu war die Stille zu hören. Der Himmel mit seinen Sternen klar und nah.

Der Busch in ein frisches Grün verzaubert. Gelbe Blumenteppiche schmückten die Steppe. Die Reviere hatten sich zu Flüsse gebildet. Die Wasserstellen für die Tiere reichlich gefüllt.

Wo die Luft frisch und rein ist, wo es duftet nach den Akazienbäumen. Da wo die Hügel weit blicken lassen. Wo die Tiere sich an den Wasserstellen ausruhen. Da wo der Wind in die Felsen Gesichter und Körper gebildet hat. Und ich habe die Mitte eingenommen, fühle die Kraft den Schutz und die Wärme. Ich schaue in den tiefblauen Himmel, wie nah er ist, fast streichelt er mich.

Ganz weit unten in dem Tal eine Herde Oryx die sich wohl ausruhen. Auf den Bäumen vor mir haben zwei schwarze Störche majestätisch Platz genommen. Der Busch ist in so einem vollen dichten Grün das noch nicht einmal die Ombu Farm zu sehen ist. Es ist ein Blick zu dem Paradies. Alles ist so elementar und einzigartig.

Fritz und Hans sitzen in dem Jeep und beobachten die Tiere. Ich verweile noch einige Minuten auf dem Felsen. Immer wieder wirft die Sonne Schatten und Licht auf die Berge von Erongo in facettenreicher Farbenpracht. Es ist ein Anblick der sehr berührt.

Nun sind es noch zwei Stunden Fahrt bis Windhoek. Wir machen Rast in Usakos an der Wüstenfarm. Schnell zur Toilette, noch ein bisschen Trocken-Fleisch, Bilton kaufen wir und kalte Getränke, schon geht es weiter.

Ein großes Bergmassiv begleitet unsere Fahrt. Weit und breit tief grüne Buschlandschaften. Wie wun-

73

derschön die Farben sich an den Bergkämmen spiegeln. Alles ist still und friedlich man hört nur das Rauschen des Shuttlemotors. Der Himmel in einem tiefen Blau und die weißen Wolken sehen wie kleine Segelschiffe aus. Ich kann weit hinaus sehen und die Buschlandschaft wird immer dichter.

Mona schläft und bekommt nichts von der traumhaften Gegend mit. Ein Bergmassiv erleuchtet in den Farben von einem tiefen Blau bis türkis. Die Webervögel haben ihre Nester zu einem dichten Netz gebaut und es gibt der Busch Landschaft eine lebhafte Abwechslung.
Hier und da einige kleine Häuser in dem die Einheimischen leben und wohnen.

Es ist Sonntag, früh am Morgen und alles schläft noch.

Wir kommen in Karibib an. Eine kleine hübsche Kirche schmückt dieses Städtchen. Die Straßen sind noch leer. Karibib ein typisches afrikanisches Kleinstädtchen.

Unsere Fahrt geht weiter nach Okahandja. Das Buschland wird immer dichter. Am liebsten würde ich aussteigen und einige Minuten dort verweilen. Abschied nehmen von dem Buschland von dem Land Namibia. Noch einmal diese Stille genießen. Den Duft der Akazienbäume verspüren, innehalten.

Ich mache es mir bequem lege meine Beine auf den Koffer und beobachte die Landschaft durch das Fenster des Shuttles. Die Bäume wachsen hier in einer waagerechten Form, sie tragen keine Krone, hier hat man freie Sicht. Unendlich. Ich mag diese Bäume sie tragen das Glück und die Zufriedenheit dieses Landes. Sie sind ein Reichtum der Natur.

Wie reichlich mit Wasser gefüllt die Reviere sind. In diesem Jahr haben die Farmer viel zu tun. Ich staune wie hoch das Gras der Savanne gewachsen ist. Langsam nähern wir uns Okahandja. Ein großer Markt mit vielen afrikanischen Händlern die hübsche Kunstwerke verkaufen stehen an dem Straßenrand.

Wir überqueren den Fluss, Okijemba und links geht es ab nach Omururu. Die vielen Regenfälle haben die Straße mit Schlaglöchern versehrt. Der Driver muss höllisch aufpassen, die Schlaglöcher sind tief unter spült von den Regengüssen.

Wir kommen in Windhoek an und die ersten Fahrgäste steigen an ihren Quartieren aus. Windhoek das Herz und die Hauptstadt Namibas, sie ist eine spannende und vielschichtige Stadt. Auf einer Höhe von 1650 Meter bietet sie einen malerischen Blick. Es ist heiß, die Sonne brennt.

Windhoek eine wunderschöne, europäische, typisch deutsche Stadt. Deutsche Straßen Namen erinnern an die vergangene Südwestler Zeit. Vor uns ein Hinweisschild das nach Groß-Barmen zeigt. Ich fühle mich wieder Deutsch oder Deutsch-Namibisch? Deutsche Schulen und Kirchen in ihrem typischen Südwestler Stil erbaut. Es bringt mir Gänsehaut und ich denke an die alte Zeit wie sie wohl war? Es macht mich stolz, ein Stück Deutsche Geschichte hier noch vorzufinden. Endlich kommen wir in Klein-Windhoek in unserem Quartier an. Wir werden freundlich empfangen von Sigi. Sie ist Deutsche und lebt schon seit langer Zeit mit ihrem Mann in Windhoek. Es ist eine sehr hübsche Gästefarm. Sie heißt Tambukti.

Mona und ich bekommen jeder ein schönes Zimmer mit einer faszinierenden Aussicht auf Windhoek. Nach einem Erfrischungsbad schauen wir uns um. Auf der Terrasse der Gästefarm wird uns ein einmaliger Blick über Windhoek bis in das Buschland und die Berge präsentiert.

Ich mache ein paar Aufnahmen. Der Sonnenuntergang hat sich angekündigt. Traumhaft! Der Himmel brennt in feuerrot und orange. Prachtvoll entfaltet sich der Himmel in einem Feuerwerk der Farben. Ein Zauber der gerade seinen Höhepunkt erreicht hat.

Wir nehmen Platz an dem Tisch auf der Terrasse und trinken in aller Ruhe ein Glas Wein. Es ist der letzte Abend in Namibia. Schnell wird es dunkel und wir gehen schlafen.

Der andere Morgen hat sich mit Sonnenschein angekündigt. Mona und ich fahren in die Stadt und ich zeige ihr noch Windhoek. Noch schnell gehen wir in ein Geschäft um schöne afrikanische Stoffe zu kaufen. Wir können uns nicht entscheiden soviel schöne bunte Stoffe. Nach einer Stunde Shopping schwer bepackt holt uns Robert der Taxifahrer ab zu der Gästefarm. Wir verstauen unsere gekauften Stoffe in die Koffer. Sie passen noch gerade so

hinein.
Bis zu unserem Abflug am Abend ist noch viel Zeit.
So legen wir uns an den Pool und entspannen uns
ein letztes Mal in der Sonne Namibias.

Meine Gedanken gehen noch einmal zurück an die
Wochen die wir hier in Namibia verbrachten. Es war
eine schöne Zeit. Ein Land voller Kontraste. So
nehme ich wieder einmal Abschied und bin am Ende
einer Reise von den Spuren der kolonialen
Geschichte. Es war Abenteuer pur.

Ich lernte wieder andere freundliche Menschen
kennen, grandiose Landschaften, faszinierende
Tierwelt und eine einzigartige Mischung aus afrikanischen und europäischen Einflüssen.

Wända wäki and Ondangi (Himba)

Auf Wiedersehen und Danke!

77

Erinnerungen an Hans

Es ist der 13.September 2009, Renate hat mir am Telefon mitgeteilt das ihr lieber Mann Hans verstorben ist.

Die Götter des Busches haben Dich aufgenommen.
Da wo die Hügel Dich haben weit blicken lassen.
Wo der Himmel zum Greifen nah ist.
Wo die Sterne am Himmel hell erleuchten.
Da wo Du zuletzt glücklich warst.
Wo die Bäume Dir ein letztes Lied singen,
da wo Dein Lachen und Deine Fröhlichkeit
noch zu hören ist, dort ist Deine Seele aufgenommen,
die Götter haben Dich erhört.
Dein Namibia.

Zur Erinnerung an Hans, die Zeit auf Ombu-Farm

Die letzten Zeilen die ich hier schreibe, sind die des Dankes. Besonderen Dank gilt den Menschen die mir dazu verholfen haben, dieses Buch zu veröffentlichen.

Danke an meine Freunde die mich dazu inspirierten. Danke an das Land, das mir so viel Schönes gab. Danke an Dich meine Zulu.

Danke an einen besonderen Freund, der mir Mut und Lob zu sprach, Dr. Eduardo Cano (Chile)

Einen besonderen Dank auch an Dagmar Keitsch

und Martin Zielinski.

Angela Liesendahl-Schikorra

Angela Liesendahl-Schikorra

Rückkehr nach Zululand

ISBN 978-3-8391-2164-1

„Herstellung und Verlag
Books on Demand Gmbh, Norderstedt"

Deutsche National-Bibliothek dnb-dnb.de
© 2009 Angela Liesendahl-Schikorra Autorin
Foto & Zeichnungen Angela Liesendahl-Schikorra

Gestaltungen:
Martin Zielinski, Angela Liesendahl-Schikorra
Titelbild nach einer Fotovorlage von Thomas Lüttgen.